Par Liendé de Sepmanville,
d'après Barbier.

YJ 6557

LETTRE

A Madame la Marquise de ✱✱✱

Sur la Tragedie de Mérope, de M. de Voltaire.

Sur la Comedie nouvelle de l'Ecole des Meres.

Et sur les Francs-Maçons.

A BRUXELLES;

M. DCC. XLIV.

LETTRE

A Madame la Marquise de ✶✶✶

APrès avoir lû toutes les differentes Critiques qui ont paru sur la *Mérope Françoise*, vous êtes étonnée, Madame, du succès qu'elle a eû dans les Représentations. Pour moi je ne suis étonné que de votre surprise. Comme vous avoués dans la lettre que vous m'avez fait l'honneur de m'écrire, que *le Public n'est pas sans discernement*, vous ne pouvés disconvenir que le *Parterre* qui fait une bonne partie de ce Public, en a assés pour juger sainement. Je puis donc en conclure que M. de Voltaire a *remporté une gloire parfaite*, puisque les aplaudissemens ne se sont point démentis à la reprise de sa Mérope malgré *les efforts de gens interessés à la détruire*; mais les differens partis qui se forment dans la République des Lettres ne peuvent jamais faire de tort à un homme dont *le mérite est si généralement reconnu en Poëme Dramatique*. Toutes les Pieces dont il a enrichi notre Théâtre ont trop bien établi fa réputation pour qu'il ait befoin d'un défenfeur; auffi n'eft-ce pas en cette qualité que je blâme les Auteurs, qui jaloux de fa gloire ont voulu aux dépens de la fienne nous prouver qu'il ne la doit qu'à ceux dont il a emprunté les fecours pour donner plus d'éclat aux *beautés frapantes* de fa Mérope. Le Parterre qui les a fenties eft une affemblée d'hommes d'efprit de tout genre qui ne vont aux fpectacles que pour voir, entendre & juger; ce qui lui plaît doit plaire à tout le monde; ce qu'il condamne eft condamné par tout, & ce n'eft que le Parterre qui fait réuffir ou tomber un ouvrage de Théâtre.

Malgré tous les défauts qu'on trouva dans *Inès*,
 Cette Piéce eût un grand fuccès.
 Le Parterre en fut idolâtre;
 Il ne ceffa de l'aplaudir,
 Et la voit même avec plaifir
 Quand on la remet au Théâtre.
 Voltaire, quoique Traducteur
 Fut admiré du Spectateur.
 Sa Mérope dont on critique
 Les endroits même les plus beaux,
 Eft un *chef-d'œuvre dramatique*
 Qui plût avec tous fes défauts.

Vous les auriés fans doute aplaudis,

Madame, si vous eussiés executé l'envie que vous aviés de quiter votre Province pour venir admirer les *beautés sans nombre dont ce merveilleux Poëme est rempli. Beautés réelles*, qui, si l'on en croit M. de Maffey dans sa Réponse à M. de Voltaire, sont *absolument indépendantes du jeu des Acteurs & du prestige éblouissant de la Scene*. Comment donc ont-elles pû vous échaper à la lecture ? cependant vous rendés justice à l'Auteur, mais en avouant comme M. de Maffey, qu'*il est permis au vulgaire ignorant d'avoir des scrupules sur le mérite des grands Hommes*; pourquoi *le succès de la Mérope Françoise* vous paroit-il aussi *surprenant*, qu'il est au contraire *peu douteux* ?

Après avoir eû encore douze Représentations de suite dans sa reprise, elle a pris enfin congé de Melpomene pour ne pas trop fatiguer Mlle *Dumesnil*, qui d'ailleurs avoit besoin de se reposer pour se mettre en état de jouer un nouveau rôle de *Mere* dans *l'Ecole* que Thalie vient de donner sur le même Théâtre. Si cette Piece qui attire tout Paris aux François, & dont Madame la Comtesse de *** nous a fait un détail exact, peut exciter votre curiosité; j'espere que vous ne balancerés pas à faire le voyage que vous avez été obligé de retarder pour accompagner M. le Comte de *** à ses Terres, où vous m'avés ordonné de vous écrire, en vous envoyant les Vers que j'ai faits sur la nouvelle Comédie : je vais donc vous obéir, Madame, & j'y ajouterai les couplets que je fis à table chez Madame la Comtesse de *** qui avoit assisté comme moi à la seconde représentation de cette piece.

Vers sur l'Ecole des Meres. Comédie nouvelle en Vers, & en cinq Actes, par M. Nivelle de la Chaussée.

A côté d'Apollon sur le Parnasse admis,
Celui qui composa *l'Ecole des Amis*,
Imagina le *plan* de *celle* qu'on admire,
    En préférant *Mélanide* à *Palmire*.
  Dans son Ecole il peint avec esprit,
    Une *Mere* aveugle & crédule,
    Pour un fils dont elle nourrit
    Les *défauts* & le *ridicule*;
Qui voulant à la Cour paroître avec éclat,
    Et lui faire un brillant état
Pour illustrer son nom & sa famille,
Et contenter sa folle ambition
    Prétend *sacrifier* sa fille ;
Mais son Epox avec précaution

Sous ses yeux en prend soin lui-même.
Dans son aveuglement extrême,
Cette mere bien-tôt reconnoit son erreur,
Ce fils idole de son cœur,
Qui malgré ses travers l'avoit toujours séduite,
Fait éclater son *inconduite*.
Elle ouvre enfin les yeux pour la premiere fois,
Et reçoit dans ses bras cette fille si chere,
Qui dans son cœur alors fait entendre sa voix;
Les *soupçons* sont détruits : elle sent qu'elle est mere,
La nature reprend ses droits ;
Elle aprouve l'Epoux dont sa fille a fait choix
En suivant celui de son pere ;
Vainement pour punir son frere,
Elle veut le desheriter.
Sa fille à ses genoux apaisant sa colere,
En obtient le *pardon* qu'il poura mériter :
Si faisant sur lui-même un retour bien sincere,
En se modelant sur sa sœur,
Il corrige à la fois son esprit & son cœur,
Et change enfin son caractere.
Sa mere aprend à ses dépens
Qu'on doit *également* aimer tous ses enfans.
Dans son malheur sa fille la console !
L'ambition fait place aux sentimens,
Et son exemple est une *Ecole*,
Où chez Thalie en venant l'admirer,
Les meres qui pensent comme elle,
Qui par une tendresse aveugle & maternelle,
Se laissent toujours égarer,
Comme elle ouvrant les yeux pouront se recon-
Et se corrigeront peut-être... [noître,

C'est le but de l'Auteur, s'il peut y réussir,
Pour sa mere & pour lui quel honneur ! Quelle
gloire !
Tandis que les neufs Sœurs se feront un plaisir
De graver son *Ecole* au Temple de Mémoire,
Les meres, les enfans en suivant ses avis
Chanteront ses talens au Théâtre aplaudis.

Ces Vers que j'avois communiqués à Madame la Comtesse de ✱✱✱, & dont elle me pria de faire lecture au desert, donnerent occasion à plusieurs réflexions, & tandis que M. le Chevalier de ✱✱✱ faisoit valoir tout ce qui pouvoit être à la loüange de l'Auteur, j'écrivis ces couplets sur les tablettes de Mademoiselle de ✱✱✱ qui voulut bien les chanter, & que vous devés lire avec l'indulgence qu'éxige de pareils impromptus.

Couplets sur l'Ecole des Meres, Air : *Il faut l'envoyer à l'Ecole.*

I

Nivelle a vangé *Paniela*,
A qui l'on dit que le Parterre
Fit la guerre,
Et que sans excuse il sifla ;
Mais le Partere qui l'oublie,

Pour mettre *Nivelle* en crédit
aplaudit
L'Ecole qu'il tient chez Thalie.

2.

Combien de meres dans Paris,
Dont *Argant* n'est que la copie
Accomplie ;
Qui sans écouter leurs maris,
De leur fils faisant leur Idole,
Ont besoin pour les corriger
Et changer,
D'aller souvent à son Ecole.

3.

Argant sous le nom d'un Marquis
Est le ridicule modele
Très fidele
Des *petits Maitres* de Paris ;
Mais d'une jeunesse si folle,
Pour réformer tous les travers,
Et les airs,
Il faut l'envoyer à l'Ecole.

4.

Jaloux de la gloire d'autrui,
Rivaux de *Nivelle* pour plaire
Il faut faire
De *bons ouvrages* comme lui.
Si son *triomphe* vous désole,
Pour le partager, venez tous
Sans courroux
Vous corriger à son Ecole.

Je n'entrerai point, Madame, dans le

détail du jeu des Acteurs & des Actrices qui partagent avec l'Auteur les suffrages que ses Rivaux même ne peuvent lui refuser ; leur mérite est assés connû sans se mêler d'en faire sentir le fort ou le foible. Il n'est point de bonne Piece qui ne soit le triomphe d'un bon Acteur, plus son rôle lui prête, plus il le fait valoir. C'est ce qu'on ne peut s'empêcher d'admirer dans M. *Granval* : on diroit que l'Auteur a fait exprès pour lui le Rôle de Marquis qu'il représente avec autant de perfection que de naturel. Vous en jugerez par vous-même, Madame, lorsque vous serès à Paris.

   En s'admirant dans son habit,
   Vous le verrés avec esprit
Contrefaire le ton, la figure & le geste,
   De tous nos *Marquis* le plus fat,
   Qui *ridicules par état*,
Affectant quelquefois de paroître modeste,
   Quand ils parlent de leurs talens,
Amusent le Public qui rit à leurs dépens ;
Mais en aplaudissant, & sans le reconnoître,
   Je gagerois que plus d'un petit Maître,
Loin de se corriger de lui-même, rira,
   Et pour le copier peut-être,
   De ses *Leçons* profitera.

 M. le Chevalier de *** qui comme vous

sçavés, Madame, vient d'être reçû *Franc-Maçon*, m'a chargé de vous envoyer la *lettre* (1) qu'il a adressée à Madame de *** vous y reconnoîtrés facilement la plume qu'il a empruntée, puisque c'est la même dont le Public s'est servi dans sa *Réponse à l'Auteur d'Acajou*.....

C'est un *Abbé* charmant qui dans tous ses Ecrits
  Fait la guerre à nos beaux esprits;
Qui respectant les mœurs d'un Auteur qu'il critique
 En badinant lui donne des leçons;
  Tandis qu'il observe & pratique
   La *maxime* (2) des *Francs-Maçons*.
Cet *Abbé*, qui de l'Ordre a visité les *Loges*,
  Dans sa *lettre* en fait des éloges,
Dont le grand Maître avec humilité,
Souvent dans ses discours prouve la vérité.
  Tandis que le Dieu du Parnasse
Couronne de lauriers *Merope* & son Auteur;
Dans l'Ordre qui toujours fut son admirateur,
  L'*Abbé* l'invite à prendre place,
Pour réunir en lui *par un heureux lien*
Le bel esprit modeste, & le vrai Citoyen....

(1) *Lettre à Madame de* *** *où l'on invite quelques Auteurs celebres à entrer dans l'Ordre des Francs-Maçons. Elle se vend au Palais Royal.*

(2) *Nous n'avons garde de blâmer la critique, tant qu'elle ne se propose que de vanger la vérité, la raison & le gout de l'erreur, de la déraison & de la mode, &c. Quoique nous ayons vu plusieurs fois des membres d'une même Société se cen-*

Si l'on en croit un Auteur anonime (1)
Qu'un veritable zele anime,
Et que jamais on ne soupçonnera
Dans le quartier de la Finance,
Conformément à l'*Ordonnance*,
Qu'Apollon lui même rendra;
Au mois de Juin dans l'Ordre on recevra,
Avec le pere & d'*Oedipe* & *d'Alzire*,
D'*Adelaïde*, de *Zaïre*,
De *Mariane* & de *Brutus*:
Trois Favoris du Dieu Plutus;
Qui bien-tôt aprendront à *cet Ecole aimable*,
Que de tous les humains semez dans ces bas lieux,
Le plus vil, le plus méprisable,
Est le riche au cœur dur qui voyant son semblable,
Courbé sous l'infortune, a le front d'être heureux....
L'Auteur de la *Metromanie*,
Dont le *riche & brillant* génie
Enfante en s'égarant dans l'empire amoureux,
Ces Vers mâles & vigoureux
Que *conservent dans leurs archives,*
Les *Nymphes de Cythere* à sa voix attentives.
Admis au rang des freres vertueux,
Corrigeant de ses Vers *la grossiere licence,*

jurer & se refuter vivement, la critique la plus permise, l'ironie la plus pardonnable si elle a quelque teinture de malice sont proscrites dans la nôtre, &c. Voyez le Discours inseré dans la même lettre, p. 6.

(1) On dit qu'il doit paroître incessamment une *Lettre d'Acajou au public, contenant une Relation allegori-critique du Voyage du Clinquant dans la Lune, des Festes qui s'y sont données à son sujet, & qui ont occasionné sa reconciliation avec la Fée Bongoust pour être incorporée dans l'Ordre des Francs-Maçons.*

Et respectant les Loix de l'aimable décence
    Sera toujours voluptueux ;
    Heros de la plaisanterie,
    Et pere de l'amusement,
On le verra dans la Maçonnerie
Semer sur leurs soupers le sel de l'enjouëment,
Et noyant dans le vin ses disgraces tragiques.
    Pour mieux cultiver les vertus,
  Qu'il puisera dans leurs scenes bacchiques,
Mettre en Chansons leurs Loix & leurs Statuts.

Vous ne serés pas fâchée d'aprendre, Madame, qu'il a été décidé par les Fées qui ont *assisté à la naissance de Clinquant*, dont je vous ai parlé dans ma derniere lettre, qu'Apollon, en rendant son Ordonnance, permettroit à tous les Auteurs qui ne sont point de l'Academie de se faire recevoir dans l'Ordre des Francs-Maçons. Celui qui est chargé de la faire imprimer pour être publiée & venduë par les *Jurés-Crieurs* & Colporteurs de la République des Lettres, attendra que vous soyés à Paris pour y ajouter, si vous ne vous y oposés pas, une *Requéte* qu'il vous communiquera. On dit que le but qu'il s'y propose, est de demander qu'il soit accordé un Privilege aux Dames, *qui, revenuës bien serieusement de la bagatelle ne peuvent plus s'occuper que d'objets purement spirituels* pour les admettre dans les *Assemblées* dont les Francs-Maçons les ont excluës toutes sans aucune exception. Comme il a toujours déferé à vos avis, qu'il s'est fait une loi de suivre dans les petits Ouvrages qu'il a donné au Public, & qui interessent souvent la gloire de votre sexe, il ne veut point hazarder celui-ci sans vous consulter. Voilà encore un nouveau sujet, Madame, qui doit vous déterminer à ne pas retarder plus long-tems votre voyage. M. le Chevalier de *** qui avoit projetté d'aller lui-même vous prévenir à ce sujet pour vous rammener à Paris avec sa sœur, est si occupé du nouvel emploi qu'on lui a donné dans l'Ordre où il vient d'être reçû, qu'il lui est impossible de quitter. Mais tous vos amis se flatent comme lui, que nous aurons le plaisir de vous voir avant la fin du mois. Pour moi qui m'en fais un d'avance, j'ai l'honneur d'être en attendant, avec autant de respect que d'impatience,

MADAME,

Votre très-humble &
très-obéissant serviteur
L ******

A Paris ce 3 Mai 1744.

www.ingramcontent.com/pod-product-compliance
Lightning Source LLC
Chambersburg PA
CBHW061528040426
42450CB00008B/1843